AF315259

A LA MÉMOIRE

DE M. L'ABBÉ

LOUIS VILLETTE

Chanoine honoraire de la cathédrale d'Angers

CURÉ DE SEGRÉ

Laudent *eum* opera ejus.

SEGRÉ

IMPRIMERIE DE MARTIN-GUÉRET

1886

A LA MÉMOIRE

DE M. L'ABBÉ

LOUIS VILLETTE

Chanoine honoraire de la cathédrale d'Angers

CURÉ DE SEGRÉ

Laudent *eum* opera ejus.

SEGRÉ

IMPRIMERIE DE MARTIN-GUERET

1886

Nous avons écrit cette Notice pour les parents, les amis et les paroissiens de M. le Curé de Segré. Puissent-ils y retrouver l'ami tendre et délicat qu'ils ont connu, l'homme dont la société eut toujours tant de charme, le prêtre qui fut dévoué à Dieu et aux âmes !

Les anciens Romains avaient la touchante coutume de placer dans leurs maisons les portraits des personnages qui avaient illustré la famille. Une inscription, gravée au-dessous de chaque buste, relatait les titres et les exploits. Dans cette galerie précieuse les descendants de ces grands hommes trouvaient toute une histoire en action et un enseignement perpétuel : ils apprenaient ainsi les hauts faits de leurs ancêtres et s'excitaient à les imiter. — Il nous a semblé que la vie d'un prêtre fervent, qui joignit à une piété solide tant de distinction et de grâce, méritait d'être arrachée à l'oubli. Il n'est pas sans intérêt d'apprendre par quelles voies Dieu a conduit un de ses privilégiés. Ceux qui ont eu le bonheur de conquérir une place dans l'intimité de M. l'abbé Villette, aimeront à revoir les traits chéris de l'ami qu'ils ont perdu. Les fidèles qu'il a guidés dans le chemin du ciel, puiseront dans les exemples de sa vie un dernier et salutaire enseignement.

I

Louis-François-Michel Villette naquit au
Teilleul, ville du diocèse de Coutances. Par une
fortune singulière, celui qui devait être, en
Anjou, un dévot serviteur de Marie, vint au
monde le 8 septembre de l'année 1818, le jour
même où l'Église célèbre la Nativité de la
Vierge, en la fête de *Notre-Dame l'Angevine*.
C'était pendant les exercices d'une mission. Sa
mère, une sainte femme, disait aux missionnaires qui lui firent visite : « J'ai, à la maison,
un *missionnaire*, un petit *Angevin*. » Lui-
même, plus tard, se plaisait à répéter qu'il était
destiné à venir dans notre diocèse, tout comme
les eaux de son pays qui, par une pente naturelle, se rendent à la Maine et à la Loire.

Dieu, qui l'avait élu pour le sacerdoce, en-
toura son berceau des attentions les plus tou-
chantes. — Sa grand'mère, vénérée dans tout

le pays, sa mère, qu'il perdit assez jeune et pour
laquelle il garda toujours la plus tendre affection, formèrent son cœur à la délicatesse et
à la piété. A elles, sans doute, il dut cet
amour pour la Vierge Marie, qui fut comme la
marque distinctive du prêtre, et cette exquise
politesse qui a jeté sur sa vie un si doux éclat.
— Son père était un marin, un vaillant soldat ;
fait prisonnier dans les guerres de la Répu-
blique, il avait séjourné deux ou trois ans sur
les pontons anglais. — L'enfant trouvait encore, dans sa famille, pour se diriger au chemin de la vertu, les exemples de deux saints
prêtres. Son oncle, M. l'abbé Denguy, est mort,
il y a quelque vingt ans, chanoine honoraire
de la cathédrale d'Angers. L'autre, qui portait
le même nom, le grand-oncle, « la gloire de la
famille », avait été ordonné prêtre en 1785.
Nommé prieur de Saint-Germain, il ne voulut
pas prêter le serment à la Constitution civile du
clergé ; on le déporta dans l'île de Jersey. Re-
venu en France après la Terreur, l'abbé Denguy,
que recommandaient sa piété et sa science, fut
proposé pour l'épiscopat. Il déclina ce périlleux
honneur et accepta la cure de Ballée, dans la
Sarthe, où il mourut en odeur de sainteté. —
M. le Curé de Segré avait recherché partout
les traces de son grand-oncle ; il avait fait son
« pèlerinage » à Saint-Germain, à Jersey, à
Ballée, recueillant çà et là les souvenirs les plus

édifiants. La dernière année de sa vie, il nous disait avec une sainte fierté que depuis plus de cent ans le Sacrifice de la Messe n'avait pas été interrompu dans sa famille. Il voulait fêter ce glorieux anniversaire ; la mort l'a empêché d'exécuter son projet.

Ces leçons et ces exemples produisirent leurs fruits. Louis Villette sentit de bonne heure s'éveiller en lui la vocation sacerdotale. Il ne résista pas à la grâce qui le sollicitait ; ceux qui ont le cœur pur voient Dieu et vont à lui sans détour. Il fit part de son attrait à ses parents qui, tout joyeux, en bénirent le ciel. — L'enfant fut placé au petit séminaire de Mortain, où il commença de brillantes études. Il les continua au collège de Précigné, dans la Sarthe. Puis, sur l'appel de son oncle, qui habitait à Angers, il vint les achever au petit séminaire Mongazon. Ainsi se réalisait la parole quasi prophétique de sa mère. — Quel il était alors, les amis qu'il se fit à Mongazon nous l'ont dit plus d'une fois (1). Tous nous ont vanté son amour du travail, sa régularité, sa piété. Ce qu'ils avaient remarqué en lui, c'était la distinction des manières, une gravité simple et naturelle que relevaient une taille imposante,

____

(1) Parmi eux, nous voulons nommer M. l'abbé Goupil, vicaire général, et M. Chollet, curé de Saint-Aubin-du-Pavoil.

la beauté des traits, et, par-dessus tout, la grâce,
« plus belle encor que la beauté ». — Une amie
d'enfance, qui ne l'a précédé que de peu de jours
dans la tombe, nous disait l'an dernier : « Si
vous l'aviez connu, quand il avait seize ans !
Quelle amabilité, quelle piété et quelle grâce ! »

Dans la pieuse maison où il acheva ses études
classiques, les goûts de son enfance n'avaient
fait que se fortifier. En quittant Mongazon,
Louis Villette entra sans hésiter au Grand Séminaire d'Angers. Là, sous la direction éclairée
et paternelle des prêtres de Saint-Sulpice, pour
lesquels il eut toujours les sentiments de la plus
profonde vénération, il connut les jouissances
que donne l'étude des sciences ecclésiastiques et
goûta tous les charmes de la piété. — Son séminaire achevé, il voulut travailler encore.
Pendant deux années, il suivit le grand cours
de Saint-Sulpice, à Paris. — Enfin le jour béni,
si impatiemment attendu, arriva. Le 1er juin
de l'année 1844, il fut ordonné prêtre par
Mgr Affre.

On lui fit les propositions les plus séduisantes
pour le retenir dans le diocèse de Paris. Il revint en Anjou, docile à l'appel de son évêque.
Le vicariat de Gesté était vacant; on l'y nomma.
Les débuts de l'abbé Villette dans le ministère
paroissial furent heureux. Jusqu'à ses derniers
jours il avait gardé toute la fraîcheur des impressions premières; pour tous, les premiers

souvenirs ne sont-ils pas aussi les plus doux ?
On nous a dit que des vieillards de cette paroisse
vendéenne se rappelaient encore le jeune prêtre
qui les avait charmés par sa bonne grâce. Pourtant ils ne l'avaient connu qu'une année. Un an
s'écoula, en effet, et l'abbé Villette était nommé
vicaire à Baugé. Là, comme à Gesté, guidé par
les conseils et par l'exemple d'un des prêtres les
plus remarquables de cette époque, M. Baranger,
il remplit allègrement, pendant sept ans, tous
les devoirs de sa charge.

Mais d'autres soucis le préoccupaient. Déjà,
au sortir du Grand Séminaire, il avait voulu
entrer dans la Compagnie de Jésus ; on l'avait
détourné d'accomplir ce dessein. Au bout de
quelques années, personne ne le retenant plus,
il partit pour Saint-Acheul. Il y passa six mois.
Il aimait à rappeler cet essai qu'il fit de la vie
religieuse, ses prédications à Saint-Acheul, à
Amiens, ses catéchismes dans les environs. Ce
ne fut pas sans peine qu'il se sépara des saints
religieux dans la compagnie desquels il avait
vécu ; il leur resta toujours uni par les liens
d'une affection sincère. Mais il vit que Dieu
l'appelait à d'autres fonctions, et il revint dans
le diocèse d'Angers.

Mgr Angebault voulut faire de M. l'abbé
Villette son secrétaire particulier. Son oncle
demanda pour lui une place dans le ministère.
Il fut nommé vicaire à la Trinité. Le jeune

prêtre, sous la conduite de M. Legeard de la
Diriays, que son profond savoir, son zèle ardent
et sa charité pour les pauvres ont rendu justement populaire, reprit joyeusement les habitudes et les travaux du ministère paroissial. Il
ne resta que deux ou trois ans dans ce nouveau
poste ; mais ce fut assez pour qu'on y ait gardé
jusqu'à ce jour le souvenir de ses talents et de
ses vertus. Nous avons appris que des personnes
pieuses, fidèles à sa mémoire, lui ont témoigné
leur reconnaissance en faisant chanter une
messe pour le repos de son âme.

Son cœur, enthousiaste et généreux, était
ouvert à toutes les œuvres. Mᵍʳ Angebault, qui
avait fondé l'association diocésaine des Pères de
l'Adoration du Très Saint Sacrement, fit appel
aux prêtres de bonne volonté. L'abbé Villette
quitta la Trinité pour la petite maison de la rue
du Silence. Deux années durant, les Pères
de l'Adoration parcoururent notre diocèse,
semant partout la parole de vie. Il ne nous
appartient pas de faire leur éloge. Au jour de la
sépulture de M. le Curé, Mᵍʳ Chesneau, qui les
avait vus à l'œuvre, a rendu un solennel hommage, dans des paroles pleines d'attendrissement, au dévouement et au zèle de ces apôtres.

La petite société dissoute, en l'année 1858,
M. Villette fut appelé à la cure de Ste-Gemmes-
. d'Andigné. Le missionnaire de l'Adoration était
tout heuheux de venir dans cette paroisse chré-

tienne. Il était alors dans la maturité de l'âge ; il apportait, pour la direction des âmes, une prudence consommée, le courage intrépide d'un apôtre. Pendant treize ans, il travailla le champ confié à ses soins ; pendant treize ans, en chaire ou au tribunal de la pénitence, il a répandu dans les âmes les paroles de la vie éternelle ; il a visité les malades, consolé les affligés, secouru les pauvres. Avec ses collaborateurs dévoués, il a dirigé vers le sanctuaire un groupe de jeunes prêtres qui béniront toujours sa mémoire. — On vit bien, au jour de ses obsèques, quel profond souvenir il avait laissé dans les âmes. Presque tous les habitants de Sainte-Gemmes étaient là ; ils voulaient contempler une dernière fois les traits de leur ancien pasteur et lui rendre les honneurs suprêmes.

Son œuvre principale, à Sainte-Gemmes-d'Andigné, fut la reconstruction de l'église. En arrivant au milieu de son troupeau, l'abbé Villette avait vu avec tristesse que la maison de Dieu n'était pas digne de l'hôte qui l'habitait. Dès lors, le rêve de sa vie fut de rebâtir le temple. Il disait, en souriant, que Dieu doit une place dans son Paradis aux curés « bâtisseurs » qui lui ont construit un temple sur la terre. Six ans après son arrivée, il se mit à ce travail. Il visita toutes les familles de sa paroisse, quêtant pour Dieu. Tous rivalisèrent de zèle : les riches ouvrirent largement leur bourse, les pauvres donnèrent avec empressement leur obole, le pasteur contribua de ses deniers. En deux ans, la construction fut presque achevée. Quelle joie ce fut pour lui, quand, le dimanche de la Passion, il put entrer dans la nouvelle église et y célébrer le saint sacrifice ! — Le voyageur qui se rend de Segré à Pouancé, aperçoit tout à coup, à un détour de la ligne, au fond d'une vallée verdoyante arrosée par deux rivières, derrière un rideau de peupliers, une charmante église gothique, que domine une flèche élégante, et à laquelle deux rangs de blancs clochetons forment une gracieuse couronne ; c'est le monument que l'abbé Villette a élevé à la gloire de Dieu et qui perpétuera son nom parmi nous. Pendant plus de deux ans il y employa toute son énergie ; peut-être est-ce dans ce travail plein d'inquiétudes qu'il prit le germe de la maladie qui l'a mené au tombeau. — Il est juste d'associer à son nom, dans le même tribut d'éloges et de remerciements, les noms des deux vicaires qui l'ont aidé si puissamment dans sa tàche, du digne successeur qui a embelli et restauré son œuvre (1).

Quand le vénérable M. Nicolas descendit dans la tombe, Mgr Freppel, réalisant le désir de son

(1) MM. Favereau, curé de la Jubaudière, Guillocheau, curé de Chazé-Henry ; M. Dulavouër, curé de Sainte-Gemmes-d'Andigné.

prédécesseur, présenta M. Villette à la cure de
Segré. La nomination fut agréée au mois de
décembre 1871. Trois ans plus tard, après la
consécration de l'église de Sainte-Gemmes, il
récompensait ses travaux en le nommant chanoine honoraire de la cathédrale d'Angers.
M. Villette fut très sensible à cet honneur. Il
disait, peu de jours avant sa mort : « Je me
rappelle avec reconnaissance toutes les bontés
dont Mˢʳ Freppel m'a comblé ; je me réjouis d'a-
voir toujours été d'accord avec mon évêque. »

Le prêtre auquel il succédait, à Segré, était
recommandable entre tous par la finesse délicate
de son esprit, la grâce des manières, la bonté
de son cœur, la prudence de ses conseils. Il paraissait difficile de remplacer ce beau vieillard
qui venait de s'éteindre, entouré de l'estime et
de l'affection des paroissiens qu'il avait évan-
gélisés pendant 46 ans. Pourtant M. Villette
continua dignement les œuvres de son regretté
prédécesseur ; il fut, à Segré, l'homme de Dieu,
le prêtre qui convenait à l'administration de
cette importante paroisse. S'il rencontra quelques difficultés au début de son ministère, la
grande bonté de son âme oublia tout et fit tout
oublier. — Habitants de Segré, vous l'avez
possédé pendant près de quinze ans ; vous
avez été les témoins attendris de son zèle pas-
toral. Vous l'avez vu parcourir les rues de
votre ville, affaibli déjà, mais toujours aimable

et toujours souriant, bénissant vos enfants, visitant vos malades, soulageant la misère des pauvres. Vous avez entendu les paroles pieuses et choisies qu'il vous adressait du haut de la chaire. Lesoir, il travaillait encore pour vous ; quelques-uns d'entre vous avaient remarqué que la lumière de sa chambre ne s'éteignait qu'à une heure fort avancée de la nuit. N'est-il pas vrai qu'il a passé parmi vous en faisant le bien ? — Aussi les regrets unanimes qui ont éclaté sur sa tombe ont prouvé que vous l'avez compris et que vous l'aimiez. A combien d'entre vous n'avons-nous pas entendu dire au jour de ses funérailles : « Quel bon curé nous avons perdu ! Il était vraiment, au milieu de nous, le digne représentant de Dieu. »

C'est à Segré surtout que nous l'avons connu. Admis dans son intimité, bien des fois nous nous sommes assis à sa table, souvent nous avons reçu ses confidences. Nous voudrions nous le représenter encore, tel qu'il nous est apparu dans les quinze dernières années de sa vie.

II

« Quand Dieu forma le cœur de l'homme,
dit Bossuet, il y mit premièrement la bonté. »
Une heureuse nature et les leçons de sa mère
avaient développé très vite dans le cœur de M.
Villette cet inestimable don du ciel. Il fut bon :
quiconque l'a vu durant quelques heures lui
rendra ce beau témoignage. Sans doute, on
aimait cette finesse d'esprit qu'il tenait de la
race normande, et cette ardente sensibilité qui
s'épanchait sur toutes choses : on jouissait de
son imagination qu'il avait conservée vive et
fraîche jusqu'à ses derniers ans. Mais ce qui
nous touche surtout, quand son nom nous
revient à la pensée, c'est le souvenir de l'amabilité parfaite qui resplendissait en lui. Il char-
mait par sa politesse affectueuse tous ceux qui
l'abordaient. La politesse, *cette fleur de l'huma-
nité,* d'où viendrait-elle, sinon de la bonté du
cœur ? — Un de ses amis, le plus cher de tous,

M. l'abbé Pergeline nous écrivait, il y a quelques jours : « J'ai fait avec lui plusieurs voyages ; nous avons parcouru ensemble le pays de Guérande, le Finistère et les Côtes-du-Nord.... Partout j'ai constaté la même impression chez les personnes que nous avons visitées. On me disait partout : « Quel charmant compagnon vous avez ! Est-il possible d'être plus bienveillant et plus digne, plus courtois et plus souriant ? »... Il est telle noble famille de Bretagne, chez laquelle nous sommes descendus, qui me parle toujours de lui avec le plus respectueux attendrissement. » — Faut-il ajouter que cette courtoisie et cette amabilité lui valurent d'illustres relations et amenèrent parfois de nobles visiteurs à son presbytère de Segré ?

Cette douce influence qu'il exerçait, lui servit souvent à gagner les cœurs et à les rapprocher de Dieu. Par son air gracieux et plein de dignité, il séduisait jusqu'à ses adversaires. Pour le contredire ouvertement, il fallait ne plus le voir. Quand il paraissait dans quelque maison, doux, avenant, affable, on était vite gagné. Nous en pourrions nommer plus d'un dont il fit ainsi la conquête. L'aimable bonté du pasteur avait aplani les premières difficultés ; la grâce de Dieu fit le reste.

Cette politesse exquise le suivait partout. Jusque dans les affaires les plus arides et les plus difficiles, on retrouvait le même homme, prudent et grave, mais affectueux et courtois. Sans jamais rien concéder des droits de l'Église, il a vécu dans la plus parfaite harmonie avec les membres de l'administration municipale et les fonctionnaires de sa ville. Ses rapports avec eux ont toujours été pleins de délicatesse et de cordialité.

Mais c'est dans son presbytère qu'il faisait beau le voir. Nul mieux que lui n'a pratiqué les devoirs de l'hospitalité, cette vertu des temps antiques. « L'hôte qui vient loger sous notre toit, disait-il, est un envoyé de Dieu. » Aussi avec quel empressement il faisait les honneurs de sa maison et de sa table, vous vous le rappelez, chers amis qui l'avez connu. Quelle franche et vive gaieté ! Quelle affection vraie ! Il vous souvient encore de ces bonnes causeries, des *histoires* qu'il disait avec tant de grâce, de ce *voyage d'Italie* que nous avons entendu plus d'une fois — les voyageurs sont intarissables — mais dont le récit nous plaisait toujours. En l'écoutant, on oubliait que les heures s'écoulaient fugitives. — Et, quand vous vouliez partir, que de supplications pour vous faire prolonger votre séjour ! On eût dit qu'il était l'obligé. Il fallait rester plus d'un jour, parfois plusieurs semaines sous le toit hospitalier.

Nul ne s'étonnera maintenant que cette

bonté si sincère lui ait gagné de vrais amis.
La bonté est communicative ; elle attire la
confiance et l'amour. Ses amis ont fait le bonheur de sa vie. Qu'ils soient bénis pour leur
affection fraternelle ! — Avec eux, il n'avait
point de secrets. Ils ont connu ses joies, ses
déceptions, ses embarras, ses chagrins. Et lui,
comme il prenait part à leurs succès et à leurs
peines ! Quelle douleur, quand la mort lui en
enlevait quelqu'un ! Dans ce commerce intime
de l'amitié, il n'était jamais en retard. Laissons
encore parler celui qui l'a le mieux connu. —
« Nulle part je n'étais aussi heureux qu'auprès
de lui. Au souffle de sa fraternelle affection,
tout mon cœur s'épanouissait. Il était d'un
commerce si facile ! Il avait le cœur si franc et
si droit ! » — Les amis qui lui ont survécu ont
pleuré sa mort, comme il avait pleuré ses amis
qui sont descendus avant lui dans la tombe.

Cet homme aimable était un saint prêtre.
Nous ne ferons que rappeler la régularité de
sa vie, sa dignité toute sacerdotale, sa grande
prudence, cette pureté de sentiments qui se re-
flétait sur son visage et qui bannissait de sa
conversation tout sujet léger ou frivole, ce profond amour pour l'Église qui lui faisait défendre
ses droits avec un soin jaloux. Il serait beau de
le montrer, malgré sa vive sensibilité et une
grande mobilité d'impressions, toujours résigné,

patient et miséricordieux. Nous voulons seulement insister sur les deux amours qui ont rempli et comme illuminé la vie du prêtre.

L'abbé Villette eut toujours la plus grande dévotion au mystère de l'autel. Sa foi ardente et son cœur pur lui faisaient découvrir Jésus au Tabernacle, où il réside continuellement pour nous, sur l'autel, où il descend chaque jour à la voix de son prêtre. Qui l'a vu célébrer les saints mystères, a été certainement touché de sa piété et de sa ferveur. Devant le Tabernacle, quatre lampes, entretenues par ses soins, brûlaient continuellement. — Il aurait voulu faire aussi belle que possible, à Segré, la demeure de son Dieu. Du moins il essaya de l'orner avec tout le soin désirable. L'orgue, qu'il donna à son église, le chemin de croix, les statues et les groupes qu'il y a placés, les magnifiques ornements dont il l'a enrichie, témoigneront toujours du zèle du pasteur, de sa générosité personnelle et de celle de ses paroissiens. — Les pauvres ont été constamment l'objet de la sollicitude de l'Église. Les aimer, c'est encore aimer Jésus-Christ. Qui dira toutes les misères que l'abbé Villette a consolées par ses aumônes, par ses paroles affectueuses ? Nous nous en voudrions de ne pas rappeler ici le *Bureau des Dames de Charité,* qu'il institua dans sa paroisse. Depuis qu'il a été fondé, il a distribué, chaque année, plus de deux mille francs aux familles nécessiteuses. Les pauvres, que M. le Curé avait tant aimés durant sa vie, ne furent pas oubliés, nous le savons, à son lit de mort. Ils ont eu, avec son église, ses dernières pensées et ses plus chères attentions.

Tout enfant, Louis Villette avait pour la Vierge Marie un amour filial. Cette piété, qui lui avait été inspirée par sa mère, fut l'honneur et le soutien de toute sa vie. Les *Enfants de Marie*, qu'il établit dans sa paroisse, les *Mères chrétiennes*, pourraient nous dire avec quelle tendresse il parlait de cette dévotion douce à son cœur. Ce que nous sommes en droit d'assurer, c'est que, depuis plus de quinze ans à notre connaissance, il ne passa pas un seul jour sans réciter son rosaire tout entier. Aucune occupation, aucune fatigue ne pouvait le distraire de cette pratique pieuse. Dans son presbytère ou en voyage, quand ses confrères prenaient déjà depuis longtemps le repos de la nuit, il murmurait sa chère prière avec la tendresse naïve d'un enfant. — Aussi on a vu dans son existence les marques de la protection de Marie. Né le jour de la *Nativité* de la Vierge, on a remarqué qu'il avait été frappé du coup mortel le lendemain du jour où il lui fit la consécration de toute sa paroisse, et qu'il reçut le saint viatique en la fête de sa *Purification*. Dans les derniers temps de sa vie, il allait fréquemment à son sanctuaire, au cimetière du Pinelier ; comme si une voix mystérieuse et toute maternelle l'y appelait pour l'accoutumer à ce champ de la mort où il devait reposer bientôt ! Sa mort paisible ne nous a pas surpris. La douce Mère était au chevet de son serviteur ; elle gardait son âme dans la sérénité, à l'heure la plus terrible de la vie.

III

Telle vie, telle mort. Sa mort fut exemplaire, comme sa vie.

Depuis quelque temps déjà, la santé de M. le Curé allait s'affaiblissant. Un dernier séjour à Vichy n'avait apporté aucun soulagement à ses cruelles douleurs. Ses amis s'affligeaient des ravages sensibles que la maladie faisait dans son corps. Lui-même, se sentant défaillir, songeait à quitter sa charge pour la remettre à des mains plus vigoureuses. Mais, avant d'abandonner ses ouailles, il voulut leur procurer le grand bienfait d'une mission. Quelques semaines seulement avant sa mort, il nous disait : « Après la mission, je chanterai le *Nunc dimittis.* » Dieu l'a exaucé. — Il s'entendit avec les fils de saint François d'Assise : et, comme s'il avait eu le pressentiment de sa fin prochaine, il hâta leur arrivée. Le dimanche 24 janvier 1886, les trois missionnaires qu'il avait appe-

lés commencèrent leurs travaux apostoliques.
Un autre a raconté (1) dignement le succès des
ouvriers évangéliques, la joie des retours à
Dieu, les fêtes brillantes qui terminèrent cette
belle mission. — Pendant ces jours de salut, où
toute la paroisse fut remuée par la parole sainte,
le pasteur priait et souffrait pour ses brebis. Car
la maladie qui le conduisit au tombeau s'ag-
grava soudain, dès le commencement de la
mission. Le vendredi 29 janvier, M. le Curé
assistait à une fête splendide. Déjà bien souf-
frant, il avait accepté de présider la cérémonie
de la consécration à la Sainte Vierge. Ce fut la
dernière fois que ses paroissiens eurent le bonheur de le voir, avant le jour où, couché dans
son cercueil, il traversa les rues de sa bonne
ville. Le lendemain matin, il fut pris d'un vio-
lent crachement de sang ; c'était, disait-il, le
« faire-part » que lui envoyait la Providence.
De nouvelles attaques l'avertirent de songer
sérieusement aux derniers préparatifs. Lui,
dont la sensibilité était si vive et qui craignait
tant la mort, la vit venir sans trouble : il fut
« doux envers la mort, comme il l'avait été envers tout le monde. » On y a reconnu, non sans
raison, une protection spéciale de la Vierge
Marie.

(1) Voir *Semaine religieuse* du 21 février et du
28 février 1886.

Ici nous voulons placer un trait qui le peint tout entier. Le mardi 2 février, il devait réunir à sa table quelques châtelains des environs, qu'il avait rencontrés à Jersey six mois aupavant. Il tenait, avait-il dit, à leur payer sa dette pour l'amabilité qu'ils lui avaient témoignée dans ce voyage. M. le Curé, malgré l'état de souffrance où il se trouvait, ne voulut pas contremander son invitation. Au jour marqué, ses hôtes arrivèrent, avec M. le supérieur de Combrée et quelques autres prêtres. Couché sur le lit d'où il ne devait plus se relever, il les reçut, le sourire sur les lèvres, et remplit à leur égard tous les devoirs de l'hospitalité, s'occupant avec le plus grand soin de tous les détails du ménage. On ne peut dire combien ils furent touchés de tant d'amabilité. Nul d'entre eux n'oubliera cette réception d'un mourant, non plus que la cérémonie dont ils furent les témoins. — Après le dîner, M. le Curé, dont l'état s'aggravait toujours, désira recevoir le saint viatique. Aussitôt le R. P. Norbert, accompagné des nobles visiteurs qui tenaient tous un cierge à la main, lui porta le Dieu « qui avait réjoui sa jeunesse ». Ceux qui assistaient nous ont dit avec quelle ferveur il communia. Le malade répondit à haute voix aux prières de l'Église, manifestant, par son attitude et par l'expression de son visage, la foi la plus profonde à la présence réelle.

Le samedi suivant, il demanda l'Extrême-
Onction, qu'il reçut avec la même ferveur.
Quand il eut mis ordre aux affaires de sa cons-
cience, il voulut régler ses affaires temporelles.
Il se leva, malgré toutes les instances d'une
affection filiale ; et, pendant une demi-heure
nous l'avons vu, calme et intrépide, assis devant son bureau et nous dictant ses dernières
volontés. Lorsque ce travail fut fini, il demanda
s'il ne lui restait rien à faire. — « Non, mon-
sieur le Curé ; demeurez en paix ; personne ne
pourra se plaindre de vous. » — Il ajouta sim-
plement : « Maintenant, quand le bon Dieu
voudra. » Dès lors, il attendit, sans faiblir, le
dernier moment. Durant quelques semaines, il
donna à ses fidèles l'exemple de la plus entière
résignation à la volonté de Dieu. Une de ses
dernières paroles fut celle-ci : « Nous nous retrouverons un jour... Il y aura une belle fête
au ciel. » — Enfin, le 5 mars 1886, à quatre
heures du matin, il dit adieu à sa nièce qui
l'avait soigné pendant toute sa maladie avec un
dévouement admirable, à ses deux vicaires,
MM. Nau et Dupé, qui l'assistaient ; puis, il
s'éteignit doucement, en murmurant une prière.

On lui a fait de magnifiques funérailles (1).

Les prêtres du canton, quarante autres prêtres, tous les membres de l'administration mu-

____

(1) Voir *Semaine religieuse* du 14 mars 1886.

nicipale, presque tous les fonctionnaires, les habitants de Segré et de Sainte-Gemmes, les représentants de la noblesse du pays, ont tenu à honneur d'escorter à travers les rues de Segré et de conduire à sa dernière demeure la dépouille mortelle du prêtre qu'ils considéraient comme un père et comme un ami. Mgr Chesneau, vicaire général, se fit l'inteprète de la douleur de tous. Il loua, dans des termes éloquents et attendris, l'ami qu'il avait connu dès sa jeunesse, le missionnaire de l'Adoration, le curé qui avait si bien mérité du diocèse d'Angers.

Maintenant le pasteur dort dans le cimetière du Pinelier, en attendant le jour de la résurrection dernière. Il repose tout près de la chapelle de Notre-Dame. Bientôt, nous l'espérons, son corps sera transféré dans la chapelle même, où sont ensevelis ses prédécesseurs. Il est juste que le sanctuaire de Marie abrite les restes mortels du prêtre qui l'a si tendrement aimée et si fidèlement servie.

Père bien-aimé, celui qui a écrit ces pages a été conduit par vous au sacerdoce. Il n'oubliera jamais le prêtre qu'il a connu si bon, si pieux, si gracieux, si hospitalier. Pendant qu'il faisait cette trop courte Notice, tous les souvenirs du temps passé lui sont revenus : il écoutait encore vos sages conseils ; il reprenait, avec vous, ces longues et bonnes causeries que la mort a interrompues. Par moments, il lui semblait que tout n'était pas fini, et que vous alliez reparaître dans votre chambre ou sur la belle terrasse de votre presbytère, pour recommencer la vie d'autrefois. Douce illusion ! il n'entendra plus le son de votre voix, jusqu'à cette « fête du ciel, où nous nous retrouverons. » Au moins, il a voulu déposer ces pages sur votre tombeau comme un faible témoignage de sa reconnaissance et de son affection profonde. La piété filiale qui les a inspirées sera leur seul titre à l'éloge ou plutôt à l'excuse. — Hic liber, honori *patris* destinatus, professione pietatis aut laudatus erit aut excusatus. (Tac. Agric. 3.)

A. C.

Ecole Saint-Aubin, 5 mai 1886.

L. J. C.

SEGRÉ. — IMP. MARTIN-GUÉRET.

9 782329 508306